BIBLIOTECA GRÁFICA

BUQUES DE GUERRA

BUQUES DE GUERRA

C. J. Norman

Franklin Watts

Londres   Nueva York   Sydney   Toronto

First Spanish language edition
published in the USA in 1991 by
Franklin Watts, Inc.
387 Park Avenue South
New York, NY 10016

Spanish translation copyright © 1991
by Franklin Watts, Inc.

ISBN: 0-531-07921-X
Library of Congress Catalog Card
Number 90-71421

English language edition © 1986
by Franklin Watts Ltd

Printed in the United States of America

Designed by
Barrett & Willard

Photographs by
N.S. Barrett Collection
British Aerospace
Fleet Photographic, Royal Navy
Ministry of Defence (UK)
Naval Photographic Center, Washington DC
Norwegian Embassy
Secretary of Defense, Pentagon

Illustrations by
Janos Marffy/Jillian Burgess Artists

Technical Consultant
Bernard Fitzsimons

Series Editor
N.S. Barrett

Contenido

Introducción

Los buques de guerra tienen un papel importante en la defensa de las principales naciones. Los océanos y los mares conforman dos terceras partes de la superficie terrestre, por lo tanto los buques de guerra tienen que cubrir vastas áreas.

Las armadas más grandes del mundo tienen varios cientos de buques de guerra. Actúan en destacamentos de alrededor de diez barcos.

△ **Un destructor antiaéreo de la armada británica. Los destructores se usan para proteger convoyes de ataques aéreos y submarinos.**

Un destacamento está conformado
por varios tipos de buques de guerra.
Normalmente éstos se agrupan
alrededor de un portaviones, el cual
frecuentemente es escoltado por
cruceros antiaéreos a ambos lados.

El destacamento incluye también
fragatas, destructores, submarinos de
combate y varios tipos de buques de
pertrechos.

△ **El USS** *Long Beach* **es
un crucero muy
poderoso. Está armado
con misiles guiados por
radar.**

El crucero

La ilustración principal muestra un crucero de misiles teledirigidos. Los diagramas pequeños muestran las formas y los tamaños relativos de algunos buques de guerra.

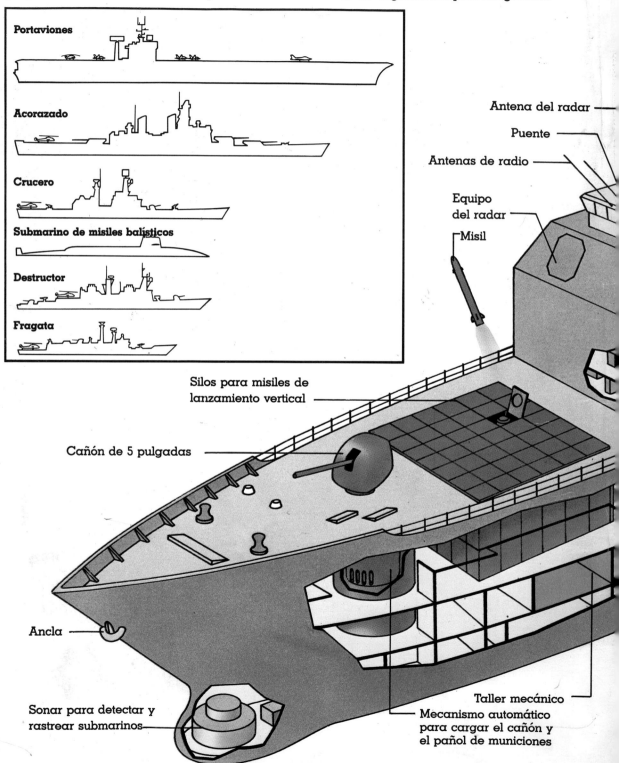

Portaviones

Acorazado

Crucero

Submarino de misiles balísticos

Destructor

Fragata

Antena del radar

Puente

Antenas de radio

Equipo del radar

Misil

Silos para misiles de lanzamiento vertical

Cañón de 5 pulgadas

Ancla

Sonar para detectar y rastrear submarinos

Taller mecánico

Mecanismo automático para cargar el cañón y el pañol de municiones

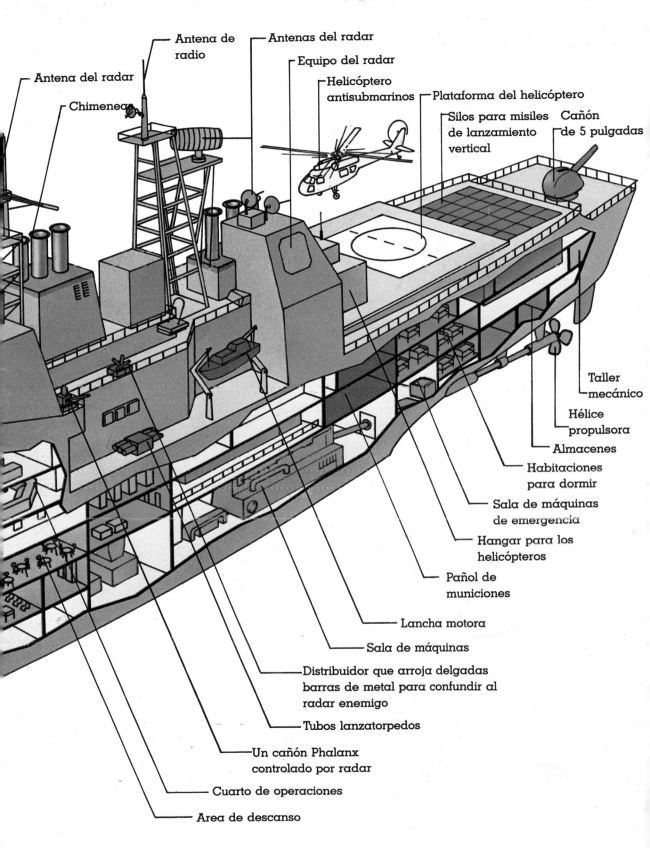

Antena del radar

Chimeneas

Antena de radio

Antenas del radar

Equipo del radar

Helicóptero antisubmarinos

Plataforma del helicóptero

Silos para misiles de lanzamiento vertical

Cañón de 5 pulgadas

Taller mecánico

Hélice propulsora

Almacenes

Habitaciones para dormir

Sala de máquinas de emergencia

Hangar para los helicópteros

Pañol de municiones

Lancha motora

Sala de máquinas

Distribuidor que arroja delgadas barras de metal para confundir al radar enemigo

Tubos lanzatorpedos

Un cañón Phalanx controlado por radar

Cuarto de operaciones

Area de descanso

9

Tipos de buques de guerra

Los buques de guerra más grandes son los portaviones de los E.E.U.U. Después vienen los acorazados, de los cuales quedan muy pocos en actividad, y luego los cruceros. Los destructores y las fragatas forman la mayoría de los buques de guerra en las flotas. Algunos submarinos operan por su cuenta.

Los barcos que operan en las aguas costeras son los botes portamisiles, los barredores e instaladores de minas, y los submarinos y botes patrulleros.

▽ **Una demostración de fuerza de la marina de los Estados Unidos. En este grupo hay tres portaviones junto con cruceros, destructores, fragatas y un petrolero.**

△ Botes portamisiles de
la armada sueca. Estas
embarcaciones están
armadas con misiles
teledirigidos de largo
alcance.

Fragatas y destructores

Las fragatas y los destructores son sobre todo navíos de escolta. Su principal rol es proteger portaviones y convoyes de buques de pertrechos del ataque de aviones y submarinos enemigos. Las fragatas se usan principalmente para perseguir y destruir submarinos.

Los destructores también se usan para otras misiones. Realizan una labor de búsqueda y rescate en el mar, y toman parte en el bombardeo de las playas enemigas.

△ El USS *John Young*, un destructor de la clase Spruance. Con casi 8,000 toneladas, estos destructores se encuentran entre los más grandes a flote. Tienen una tripulación de casi 300 miembros.

▷ Dos fragatas de la armada británica. El *Arrow* (arriba) es un Tipo 21 de 3,250 toneladas y con una tripulación de 175. Utiliza un helicóptero Lynx para el combate antisubmarino. El *Broadsword* (abajo) es un Tipo 22 (4,200 toneladas) y tiene una tripulación de 224.

▷ Un misil Harpoon es disparado desde un destructor y deja una estela de humo detrás de sí. Éste es un misil antibarco de largo alcance. Es guiado hacia su objetivo por la computadora que lleva consigo y que usa la información que le envía el radar del barco. Cuando el misil se aproxima a su objetivo, usa este radar para dirigirse al blanco.

La fotografía más pequeña muestra un Tomahawk en el momento de ser lanzado. Es un misil de largo alcance que se puede usar para blancos en mar o en tierra. También se puede equipar con una ojiva nuclear.

Misiles como éstos le dan a los destructores modernos gran poder de fuego.

Las fragatas y los destructores están equipados con una gran variedad de armas. Llevan helicópteros para detectar y atacar submarinos.

Los destructores tienen cañones antiaéreos y armas antisubmarinos. También tienen misiles para ser usados contra aviones y otros buques.

Las fragatas están equipadas con armas antisubmarinos tales como torpedos y cargas de profundidad. Usan misiles para contestar ataques por aire o por la superficie.

△ Algunas armas de corto alcance que se pueden usar contra misiles y aviones atacantes. Un Seawolf (arriba) es disparado desde un lanzamisiles de seis celdillas. El Phalanx (izquierda) es un cañón giratorio. El gran radar blanco en forma de domo rastrea el blanco y dispara automáticamente.

▷ El mástil principal de este destructor está equipado con un sistema de rastreo muy sensible. El mástil a la izquierda es de un crucero vecino.

Cruceros

La marina de los E.E.U.U. tiene más de 30 cruceros, que son los navíos de escolta más grandes. Su principal rol es brindar protección al portaviones del destacamento.

La armada soviética tiene más de 40 cruceros. Tiene pocos buques más grandes, así que los cruceros le dan la mayoría de su poder marítimo. Otras armadas tienen alrededor de una docena de cruceros.

△ El USS *Ticonderoga* es un crucero de misiles teledirigidos de 9,600 toneladas. Tiene una tripulación de 375 miembros. La gran estructura en la parte delantera es el radar principal de vigilancia. A diferencia de otros radares, no gira. En lugar de escrudiñar mecánicamente, envía señales electrónicas en un arco muy amplio.

△ El *Mariscal Timoshenko*, un crucero soviético de la clase Kresta II. Los cruceros soviéticos están poderosamente armados con cañones, misiles y otras armas.

◁ Una vista delantera y posterior del *Mississippi*, un crucero norteamericano de misiles teledirigidos. Se usa como buque escolta de portaviones y es accionado con energía nuclear para darle un radio de acción ilimitado.

Algunos cruceros funcionan con energía nuclear. Esto les permite permanecer junto al portaviones en misiones de larga duración sin necesidad de recargarlos con combustible.

Los cruceros están bien armados. Están equipados con misiles, cañones, torpedos y cargas de profundidad para ser usados contra aviones y submarinos enemigos. La mayoría de los cruceros llevan dos helicópteros antisubmarinos.

△ El *Bainbridge*, un crucero norteamericano, que fue botado en 1961. Todavía está en servicio, pero necesita una tripulación más numerosa que la de los cruceros modernos.

▷ Lanzamiento de un Standard, un misil de mediano y largo alcance. Los Standard son guiados por radar y se usan para defensa antiaérea.

Acorazados

Los acorazados fueron alguna vez los navíos más poderosos de las armadas del mundo. Este rol es cumplido ahora por los portaviones, que usan aviones y helicópteros como fuerzas de ataque.

La marina de los E.E.U.U. ahora ha empezado a reconstruir algunos de sus viejos acorazados. La marina soviética ha empezado a construir acorazados-cruceros que no son tan grandes como los antiguos.

△ El *New Jersey*, el primero de los acorazados de la clase Iowa en ser modernizado en la década de los ochentas. Con 58,000 toneladas, el *New Jersey* es el segundo en tamaño en los E.E.U.U. después de los portaviones. Tiene una tripulación de unos 1,600 miembros.

▷ El *New Jersey* haciendo fuego, y (fotografía pequeña) sus cañones macizos de 16 pulgadas (406 mm).

Otros tipos de barcos

Los portaviones y los submarinos dominan los océanos del mundo. Los navíos accionados con energía nuclear pueden funcionar por años sin tener que ponerles combustible.

Los portaviones son como aeródromos flotantes, más de 100 aviones pueden operar en los más grandes. Los submarinos con misiles balísticos son los más mortales de todos los buques de guerra. Llevan misiles nucleares de largo alcance capaces de destruir ciudades.

△ El portaviones norteamericano *Enterprise* es uno de los barcos más grandes a flote. Es el más largo - 1,123 pies (342 m). Los grandes portaviones norteamericanos tienen una tripulación de cinco mil a seis mil hombres.

Los barcos de asalto se usan para desembarcar tropas y sus pertrechos y equipo. Los buques de pertrechos llevan combustible y suministros para los navíos de combate.

Entre los barcos que actúan principalmente en aguas costeras se encuentran los submarinos diesel y unas fragatas pequeñas llamadas corvetas. Los veloces botes patrulleros atacan transportes, principalmente con misiles. Otros navíos pequeños importantes son los instaladores y barredores de minas.

△ El USS *Michigan* es un submarino con misiles balísticos. Estos navíos accionados con energía nuclear llevan 24 misiles intercontinentales Trident que pueden ser lanzados desde debajo de la superficie del mar.

△ El barredor de minas HMS *Kirkliston*. Estos barcos actúan en equipo.

◁ El HMS *Black Rover* es un petrolero de flota. Lleva combustible y otros pertrechos a los buques de guerra en alta mar.

▷ El HMS *Fearless* (arriba) es un barco de asalto. El *Storm* (abajo) es un bote portamisiles noruego.

Historia de los buques de guerra

Barcos de combate

Por miles de años se han usado barcos para combatir. Las armadas griegas y romanas antiguas usaron galeras, y hace unos mil años los vikingos del norte de Europa controlaron los mares con sus grandes chalupas. Todos estos barcos fueron impulsados por remeros, algunas veces con la ayuda de velas.

△ El galeón *Great Harry* (1514) fue el primer buque de guerra inglés.

Galeones

En los primeros combates navales, los barcos se embestían los unos a los otros con el espolón. Como las tripulaciones trataban de abordar los barcos, el combate se llevaba a cabo en las cubiertas. Para el siglo XVI, sin embargo, la mayoría de los buques ya llevaba cañones. Las marinas empezaron a construir grandes buques a vela llamados galeones. Podían ser fuertemente armados para usarlos como buques de guerra. Pero como no fueron diseñados para el combate, muchos de ellos eran difíciles de maniobrar.

Barcos de línea

Los grandes barcos veleros del siglo XVII hasta inicios del siglo XIX fueron llamados "barcos de línea" porque servían en la línea de combate misma. Eran muy veloces y maniobrables, y podían llevar más de 100 cañones pesados.

△ Barcos de línea tomando parte en el combate naval de Trafalgar en 1805.

Vapor y acero

△ Un combate entre vapores durante la Guerra Civil. Después de haber destruido 68 barcos en dos años, el crucero confederado *Alabama* fue hundido en el Canal Inglés por la balandra de combate *Kearsage*.

Durante el siglo XIX, los buques de guerra accionados por vapor empezaron a reemplazar a los barcos de vela. Otro avance importante en este período fue el uso de proyectiles explosivos en lugar de las sólidas balas de cañón. Por esta razón las marinas empezaron a construir los barcos con hierro y acero en lugar de madera. Los buques de madera cubiertos con hierro fueron los primeros en ser llamados acorazados (ironclads).

Los grandes acorazados

El primer acorazado moderno fue el *Dreadnought*, introducido por la marina británica en 1906. La mayoría de las potencias marítimas empezó a construir estos grandes acorazados que dominaron los océanos del mundo hasta los años cuarenta.

△ El HMS *Dreadnought*, el primero de los grandes acorazados del siglo XX.

Submarinos y portaviones

Los submarinos llegaron a ser los buques de guerra más temidos durante la Primera Guerra

△ El USS *New Jersey*, un acorazado de los años cuarenta que fue modernizado en los ochenta.

Mundial (1914-18) y continuaron destruyendo buques grandes y pequeños durante la Segunda Guerra Mundial (1939-45).

Al mismo tiempo, con el desarrollo de los aviones de combate, los buques de guerra se hicieron menos importantes. El portaviones dominaba los mares.

La era nuclear

Los buques accionados con combustible nuclear pueden navegar por años sin necesidad de reabastecerse. Los submarinos y portaviones más grandes ahora son accionados con energía nuclear.

△ El portaviones norteamericano *Nimitz*, el buque de guerra a flote más grande con 95,000 toneladas.

Datos y récords

△ **El combate entre los acorazados** *Merrimac* **(izquierda) y** *Monitor.*

Enfrentamiento de acorazados

Uno de los combates marítimos más famosos en la historia naval fue el enfrentamiento de dos barcos acorazados (ironclads) durante la Guerra Civil. El *Merrimac*, una vieja fragata de madera abandonada por las fuerzas federales, fue reconstruida por los confederados. En la cubierta se pusieron baterías de cañones poderosos, protegidas con un grueso blindaje.

El *Merrimac* hundió dos barcos enemigos y las balas de cañón simplemente rebotaban en él. Muy pronto, la Unión trajo el acorazado *Monitor* para defender su flota y los dos buques entablaron un largo combate. Ninguno de los dos pudo penetrar el blindaje del otro en este primer encuentro entre acorazados. A partir de ese día se hizo obvio que se necesitaba más poder de fuego.

El combate naval más grande

El combate naval más grande tuvo lugar en el Pacífico en 1944, durante la Segunda Guerra Mundial, en el que participaron 282 buques de guerra. Dos grandes flotas de los E.E.U.U., con 216 buques de guerra, acompañados por dos buques australianos, aplastaron a la flota japonesa de 64 barcos en el Combate del Golfo de Leyte.

Glosario

Acorazado-crucero
Un barco cuyo tamaño está entre un acorazado y un crucero. Su blindaje no es tan pesado como el de un acorazado y por eso es más ligero. Tiene más poder de fuego y está más protegido que un crucero.

Barcos de asalto
Navíos que llevan helicópteros, lanchas de desembarco anfibias y tropas para desembarcar en la orilla.

Barredor de minas
Navíos utilizados para detectar y detonar minas.

Buques de pertrechos
Navíos que llevan combustible, municiones, provisiones congeladas u otros suministros para los buques de guerra en alta mar.

Cargas de profundidad
Una bomba antisubmarino que se deja caer desde barcos o aviones y que explota debajo del agua.

Convoy
Un grupo de buques de pertrechos escoltado por buques de guerra.

Destacamento de fuerzas
Un grupo de barcos o una flota pequeña, que algunas veces realiza misiones especiales.

Energía nuclear
Energía generada por un reactor nuclear. Los reactores duran años sin tener que reabastecerlos con su combustible.

Flota
La armada de un país o una división de esa armada.

Instalador de minas
Navíos utilizados para depositar minas.

Navío de escolta
Un buque de guerra armado que acompaña a un portaviones o a un grupo de barcos mercantes para protegerlos.

Submarino con misiles balísticos
Un submarino armado con misiles nucleares de largo alcance que pueden ser disparados debajo del agua.

Submarino de combate
Un submarino nuclear que busca y ataca transportes y submarinos enemigos, y que también protege sus propios barcos.

Submarino diesel
Un submarino que funciona con combustible diesel y motores eléctricos. También se llama submarino patrullero.

Índice

7:00

9:30

10:46

5:45